BEI GRIN MACHT SICH IHR WISSEN BEZAHLT

- Wir veröffentlichen Ihre Hausarbeit, Bachelor- und Masterarbeit

- Ihr eigenes eBook und Buch - weltweit in allen wichtigen Shops

- Verdienen Sie an jedem Verkauf

Jetzt bei www.GRIN.com hochladen und kostenlos publizieren

Hans-Jürgen Borchardt

Wenn Kunden nicht vertrauen

GRIN Verlag

Bibliografische Information der Deutschen Nationalbibliothek:

Die Deutsche Bibliothek verzeichnet diese Publikation in der Deutschen National-
bibliografie; detaillierte bibliografische Daten sind im Internet über http://dnb.d-
nb.de/ abrufbar.

Impressum:

Copyright © 2010 GRIN Verlag, Open Publishing GmbH
Druck und Bindung: Books on Demand GmbH, Norderstedt Germany
ISBN: 978-3-640-75660-5

Dieses Buch bei GRIN:

http://www.grin.com/de/e-book/161864/wenn-kunden-nicht-vertrauen

Wenn Kunden nicht vertrauen

Vertrauen ist die Grundbedingung aller Geschäftsbeziehungen. Wer einem Anbieter nicht traut, oder wenn man sich „nicht sicher ist", dem gibt man auch keinen Auftrag. Oder, wenn Kunden einer Firma nicht mehr trauen, egal warum, ist es mit der Kundentreue vorbei. Deshalb ist es sinnvoll, sich bewusst zu machen, welche vertrauensbildenden Maßnahmen man generell beachten und anwenden sollte.

Der Vertrauensprozess erstreckt sich über zwei Stufen.

1. **Vertrauen gewinnen und aufbauen**
2. **Vertrauen erhalten und pflegen.**

Die wichtigste Grundregel ist: Die Wahrheit sagen
Es kommt immer wieder vor, dass irgendetwas schief geht. Egal, ob ein Termin nicht eingehalten werden kann, eine Arbeit falsch ausgeführt wurde oder etwas vergessen wurde, man sollte den Kunden nie belügen, denn oft erfährt er–auf welchen Wegen auch immer- doch die Wahrheit. Diese Grundregel gilt immer und überall, bei Mitarbeitern, Interessenten, Neukunden und vor allem bei Stammkunden. Wer einmal seine Glaubwürdigkeit verloren hat, hat es sehr schwer, diese zurück zu gewinnen.

Vertrauen entsteht meisten nicht spontan. Im Normalfal ist die Entwicklung eines Vertrauensverhältnisses ein mehr oder minder langer Prozess, je nach Partner. Ideal ist es, wenn man von seinen eigenen Kunden und Mitarbeitern als zuverlässig und korrekt empfohlen wird. Mit dieser Aussage gibt der Empfehler zu erkennen, dass er dem Anbieter, der Firma und damit allen Beschäftigten, vertraut. Diese Akzeptanz, dieses Good-will, das mit derartigen Empfehlungen übertragen wird, ist im wahrsten Sinne des Wortes Geld wert.

Damit wird auch deutlich, dass das Gewinnen und die Pflege von Vertrauen nicht nur Chefsachen sind, sondern dass daran alle im Unternehmen beteiligt sind, die direkt oder indirekt mit Kunden zu tun haben.

Um Vertrauen zu gewinnen, aufzubauen, zu erhalten und zu pflegen sind verschiedene Leistungen notwendig wie z. B.

Termine einhalten. Wenn bereits beim 1. Kontakt eine Terminzusage für einen Rückruf oder einen Besuch gemacht aber bereits mit Verspätung eingehalten wird, ist es doppelt schwierig, verlorenen Boden wieder gut zu machen. Eine Grundregel lautet daher: Wenn ein Termin nicht eingehalten werden kann, muss der Interessent oder Kunde rechtzeitig, d. h. **vorher,** informiert werden, damit ein neuer Termin vereinbart werden kann. Wird der Partner vorher informiert, ist es meist relativ leicht, eine andere Lösung zu finden.

Erhält der Partner **nach** der Panne eine Entschuldigung, entwickelt sich zwangsläufig Unverständnis und Ärger, der in vielen Fällen nicht mehr aus der Welt zu schaffen ist.

Zusagen einhalten. Nur um den Auftrag zu erhalten werden oft Zusagen gegeben, die nicht eingehalten werden können. Dass ist zwar einerseits zu verstehen, aber andererseits extrem schädlich. Der Enttäuschte wird in seinem Freundeskreis, bei seinen Kollegen und seinen Geschäftspartnern über die Unzuverlässigkeit, über die (bewusste) Irreführung berichten. Und wenn diese Personen diese Info dann auch noch weiter geben, entsteht eine negative Lawine wie bei einem Schneeballsystem.

Ehrlich beraten. Viele Unternehmer fühlen sich bei Beratungsaufgaben oft „zwischen zwei Stühlen". Einerseits wollen Sie für sich die bestmögliche Rendite, andererseits wollen Sie den Kunden optimal beraten. Da es immer wieder vor kommt, dass beide Zielvorstellungen nicht unter einen Hut zu bekommen sind, muss man im Zweifelsfall an die Grundregel des Marketings denken: „Wenn der Kunde die beste Lösung erhält, ist es auch gut für den Betrieb." Kunden, die fair und zu ihrem Vorteil beraten werden, wechseln nicht, sind die besten Empfehler und handeln nicht bis auf den letzten Cent.

Kompetenz zeigen. Kompetenz wird nicht durch den Gebrauch von Fremdwörtern demonstriert. Ein Blick in die Internetseiten von Online-Marketingberatern, Web-Designern, Affiliate-Beratern etc. zeigt, dass sie zu einem großen Teil an ihren Zielgruppen vorbei formulieren. Natürlich muss der Profi dieses Vokabular –auch gegenüber Fachleuten bei den Kunden- beherrschen. Da aber die Entscheider normalerweise keine Profis sind, sollte mit Fachbegriffen gespart werden. (Persönliche Anmerkung: In meiner Laufbahn als Berater ist es mir mehrfach passiert, dass mir die Kunden gesagt haben, dass sie sich für mich entschieden hätten, weil ich ohne Fach-Chinesisch auskomme.)

Grenzen zugeben und nein sagen. Das ist nicht immer einfach. Aber wenn Leistungen oder Termine verlangt werden, die man nicht einhalten kann, ist es besser im Voraus nein zu sagen, als später die Fehlleistung zugeben zu müssen. Manchmal glauben Unternehmen auch, es würde ihrem Image schaden, wenn sie zugeben, dass sie bestimmte Leistungen nicht erbringen können. Das Gegenteil ist der Fall. Der Partner erkennt, dass er offen und ehrlich informiert wird. Damit weiß er, dass er ihnen vertrauen kann.

Akzeptanz zeigen. Was manchmal vergessen wird: Beziehungen leben von der Gegenseitigkeit. Deshalb wird der Vertrauensaufbau gefördert, wenn der Anbieter zu erkennen gibt, dass er die Erfahrung, das Wissen und die Zielvorstellung des Interessenten/Kunden versteht und bereit ist, dessen Vorstellungen in seine Lösung, in sein Angebot zu integrieren.

Verlorenes Vertrauen zurück gewinnen.
Wenn mal ein Kunde enttäuscht wurde und das eigene Verhalten nach dem Vertrauensbruch auch nicht optimal war, muss die Rückgewinnung

personalisiert werden. Dass ist nicht mit einer e-Mail oder einem Telefonat getan, sondern dazu ist immer ein persönliches Gespräch notwendig. Um dieses Gespräch zu erreichen, muss vorab ein Telefonat erfolgen oder ein Brief geschrieben werden, in dem der Grund für das fehlerhafte Verhalten angegeben wird. Zugleich sollte um Verständnis für die damalige Ausnahmesituation gebeten werden, bevor die Entschuldigung formuliert wird.

Von Vorteil dabei ist, wenn zum Ausdruck gebracht wird, dass man die Enttäuschung versteht und wahrscheinlich ebenso reagiert hätte. Erst wenn das Eingeständnis des Fehlverhaltens und die Entschuldigung zum Ausdruck gebracht wurde, sollte die Bitte zu einer neuen Chance, zu einem 4-Augen-Gespräch, formuliert werden. Hilfreich ist es, wenn diese Bitte mit einem attraktiven Einmal-Angebot gekoppelt wird, um die Ernsthaftigkeit des Bemühens zur Wiedergutmachung zu betonen.

Auf jeden Fall muss in dieser Situation die eigene Souveränität bewahrt werden, damit man sich im Falle einer neuen Zusammenarbeit weiterhin auf Augenhöhe begegnen kann.

Hans-Jürgen Borchardt
Juli 2010